¡LO ENCANTADO!

HOTELES
ENCANTADOS

Un libro de Las Ramas de Crabtree

THOMAS KINGSLEY TROUPE
Traducción de Santiago Ochoa

CRABTREE
Publishing Company
www.crabtreebooks.com

Apoyos de la escuela a los hogares para cuidadores y maestros

Este libro de gran interés está diseñado con temas atractivos para motivar a los estudiantes, a la vez que fomenta la fluidez, el vocabulario y el interés por la lectura. Las siguientes son algunas preguntas y actividades que ayudarán al lector a desarrollar sus habilidades de comprensión.

Antes de leer:

- ¿De qué creo que trata este libro?
- ¿Qué sé sobre este tema?
- ¿Qué quiero aprender sobre este tema?
- ¿Por qué estoy leyendo este libro?

Durante la lectura:

- Me pregunto por qué...
- Tengo curiosidad por saber...
- ¿En qué se parece esto a algo que ya conozco?
- ¿Qué he aprendido hasta ahora?

Después de la lectura:

- ¿Qué intentaba enseñarme el autor?
- ¿Qué detalles recuerdo?
- ¿Cómo me han ayudado las fotografías y los pies de foto a comprender mejor el libro?
- Vuelvo a leer el libro y busco las palabras del vocabulario.
- ¿Qué preguntas me quedan?

Actividades de extensión:

- ¿Cuál fue tu parte favorita del libro? Escribe un párrafo al respecto.
- Haz un dibujo de lo que más te gustó del libro.

ÍNDICE

REGISTRÁNDOSE...
PARA SIEMPRE

Te despiertas en medio de la noche y te
incorporas. Sientes como si alguien te estuviera
observando. El aire está frío, te hace temblar.
En medio de la oscuridad, en un extremo de
la cama, ves a una figura de pie. Tu corazón
se acelera, enciendes la lámpara de noche.
Tan pronto la enciendes, la figura desaparece.
¿Estará encantado el hotel?

Todo estado o país tiene una historia embrujada. Los hoteles son lugares donde los viajeros se registran para unas vacaciones relajadas. Desafortunadamente, ¡algunos de los fantasmales huéspedes nunca se molestaron en irse del hotel! Por ahora, los hoteles que aparecen en este libro siguen abiertos al público... ¡ya sea que estén encantados o no!

Agarra tu linterna y respira profundo. Estás a punto de descubrir por qué estos hoteles están dentro de ¡LO ENCANTADO!

UN DATO ATERRADOR

Hay al menos un hotel encantado en cada estado de los Estados Unidos.

EL HOTEL HOLLYWOOD ROOSEVELT

El hotel Hollywood Roosevelt está situado en el paseo de la fama en Hollywood, California. El hotel abrió en 1927 y muchos huéspedes famosos se han quedado allí.

Algunos afirman haber visto los fantasmas de actores y actrices famosas. La imagen de Marilyn Monroe aparece con frecuencia en el espejo de la habitación 1200, donde ella vivió dos años. Se dice que el fantasma de Montgomery Clift les da palmaditas en los hombros a los visitantes.

UN DATO ATERRADOR

Las personas famosas no son los únicos fantasmas que rondan por este hotel. Algunas personas han visto a una niña fantasmal con un vestido azul. Es conocida como Caroline y parece estar buscando a su mamá.

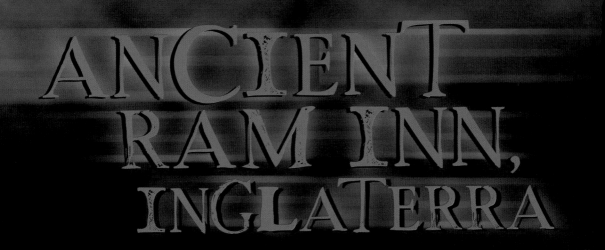

ANCIENT RAM INN, INGLATERRA

El Ancient Ram Inn, en Inglaterra, fue construido en 1145. Era el antiguo hogar de un sacerdote y se rumora que está construido encima de un antiguo cementerio **pagano**.

En este hotel han sucedido cosas malas. Una mujer de la que se creía que era bruja se escondió en este hotel. Fue capturada y quemada en la hoguera.

UN DATO ATERRADOR

Se dice que un visitante fue levantado y arrojado al otro lado del pasillo en el Cuarto del Obispo de este hotel.

Un hombre llamado John Humphries compró el hotel en 1968 y decidió convertirlo en su hogar. Afirmaba que durante su primera noche allí, una fuerza **demoníaca** lo agarró del brazo, lo sacó de la cama y lo arrastró por el cuarto.

John estaba decidido a vivir en el hotel encantado. Su esposa y tres hijas no querían saber nada de ese lugar. Se fueron, pero John vivió en el hotel durante casi 50 años.

Dagas quebradas y pequeños esqueletos fueron encontrados debajo de una escalera en el Ancient Ram Inn. Los **restos** parecían ser huesos de niños. Las dagas probablemente fueron usadas para algún tipo de oscuro ritual o sacrificio.

LA FONDA
EN LA PLAZA, NUEVO MÉXICO

El hotel conocido como la Fonda en la Plaza se encuentra en Nuevo México. Construido en 1922, está en el mismo lugar donde estuvo el primer hotel de la ciudad de Santa Fe, cuando fue fundada alrededor de 1607.

Varios huéspedes han visto el fantasma de una joven novia que fue asesinada en su noche de bodas. Otros han visto el **espectro** de un vaquero deambulando por el bar.

Uno de los eventos **paranormales** más comunes es la aparición del fantasma del magistrado John P. Slough, que en 1867 fue asesinado en el vestíbulo, a balazos. Los visitantes han oído los pasos del magistrado Slough caminando por los pasillos del hotel. Otros lo han visto con su abrigo favorito, largo y negro, ¡antes de desaparecer!

EL VICARIATO BORGVATTNET, RAGUNDA, SUECIA

El Vicario Borgvattnet es uno de los lugares más encantados de Suecia. Fue construido en 1876 como un hogar para **vicarios**. Desde afuera, parece una vieja cabaña de madera a un lado del bosque.

En algún momento de 1927, llegaron reportes de que el vicariato estaba embrujado. El vicario que vivía allí afirmó que su ropa lavada desapareció del tendedero sin ninguna explicación.

Desde entonces, casi todo vicario o miembro de familia que haya habitado la casa ha visto actividades paranormales. Algunos han visto objetos moverse por sí solos, otros han oído gritos. Se ha visto a personas envueltas en sombras.

En el vicariato ya no vive ningún ministro religioso. Ahora es una posada para cualquier persona valiente que quiera pasar la noche allí.

UN DATO ATERRADOR

A comienzos de la década de 1980, el padre Tore Forslund juró expulsar a los fantasmas del vicariato. No pudo hacer nada y abandonó el lugar menos de un año después.

RED LION INN, MASSACHUSETTS

Los viajeros que buscan una buena noche de sueño, probablemente deberían evitar el Red Lion Inn. Construido en 1773, este hotel encantado está situado en Stokebridge, Massachusetts.

El cuarto piso parece ser el más macabro. Varias personas han informado haber visto a una niña fantasmal llevando flores. A un hombre con sombrero alto le gusta pararse en la cama de los huéspedes mientras duermen.

EL HOTEL FAIRMONT BANFF SPRINGS

El hotel Fairmont Banff Springs, en Calgary, parece un castillo en la ladera de una montaña canadiense. Abrió en 1888 y rápidamente se hizo popular entre los vivos y los muertos.

Varios fantasmas rondan el enorme hotel, incluyendo una novia que murió tras caer de una escalera de piedra. Se creía que un **botones** llamado Sam ayuda a los huéspedes con su equipaje y a abrir las puertas.

Se rumora que una familia fue asesinada en el cuarto 873. Desde entonces, algunos huéspedes que se han alojado en este cuarto han sido despertados por los gritos. Se dice que en dos espejos aparecen huellas sangrientas. Si visitas el hotel, encontrarás que el cuarto 873 ya no existe. ¡Muchos creen que fue sellado para que los huéspedes no entraran allí!

HOTEL SAVOY, MUSSOORIE, INDIA

El hermoso hotel Savoy está situado en Mussoorie, India. Fue construido en 1902. Aunque parece un balneario tranquilo, este gran hotel tiene una historia encantada.

El cuerpo de la **espiritista** Frances-Garnett-Orme fue encontrado en su cuarto. Al ser envenenada misteriosamente, se rumorea que ahora su fantasma ronda por el hotel en busca de la persona que la asesinó.

UN DATO ATERRADOR

Varios autores clásicos se interesaron en el caso de la señora Garnett, incluyendo a Sherlock Holmes, al autor Sir Arthur Conan Doyle y a la escritora de novelas de misterio Agatha Christie.

HOTEL STANLEY

Tal vez uno de los hoteles más encantados sea el hotel Stanley en Estes Park, Colorado. Abrió en 1909 y está cerca del parque nacional de las Montañas Rocosas.

El hotel fue construido por F. O. Stanley (el hombre que inventó el automóvil Stanley Steemer) y nombrado en su honor. Stanley falleció en 1940, pero muchas personas dicen que nunca abandonó el hotel.

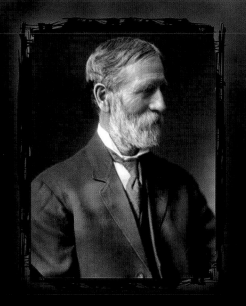

F. O. Stanley

Se piensa que algunas veces el fantasma del señor Stanley se les aparece a los huéspedes cerca del escritorio de la recepción. Flora, el fantasma de su esposa, con frecuencia toca el piano en un salón de música casi totalmente vacío.

Elizabeth era una **camarera** que en la década de 1920 por poco muere a causa de una explosión en el hotel. Se recuperó y siguió trabajando allí hasta su muerte, a la edad de 90 años. Su fantasma cruza las puertas para limpiar los cuartos.

El hotel Stanley también es famoso por ser **inspiración** para el novelista de terror Stephen King. Él y su esposa Tabitha, quien también es novelista, se hospedaron allí en 1974. Después de una pesadilla, Stanley despertó con la idea para su libro más vendido: *El resplandor*. La película basada en el libro incluye a los fantasmas de dos niñas (arriba, a la derecha).

CONCLUSIÓN

¿Realmente hay fantasmas que se alojan en los mismos hoteles que los vivos? Lo que una persona ve, otra lo podría negar.

Está en tus manos decidir qué creer.
Si oyes o ves algo macabro, escríbelo o
captúralo con una cámara. La evidencia
que descubras podría ayudarnos a
entender ¡LO ENCANTADO!

GLOSARIO

botones: Persona que trabaja en un hotel y que lleva equipaje a los cuartos de los huéspedes.

camarera: Mujer que limpia y organiza los cuartos de un hotel.

demoníaco: Un espíritu maligno, algo que busca hacer daño.

espectro: Otra palabra para fantasma.

espiritista: Persona que cree que los espíritus de los muertos se pueden comunicar con las personas.

inspiración: Algo que hace que alguien quiera actuar, crear o que le provoca emociones.

pagano: Religión que se enfoca en la espiritualidad o la naturaleza.

paranormales: Elementos extraños que están más allá de la comprensión normal.

restos: El cuerpo de una persona muerta.

vicarios: Ministros a cargo de iglesias y que representan a otros ministros.

ÍNDICE ANALÍTICO

SITIOS WEB (PÁGINAS EN INGLÉS):

https://kids.kiddle.co/Ghost

www.hauntedrooms.co.uk/ghost-stories-kids-scary-childrens

www.ghostsandgravestones.com/how-to-ghost-hunt

ACERCA DEL AUTOR

Thomas Kingsley Troupe

Thomas Kingsley Troupe ha escrito muchísimos libros para niños. Sus temas incluyen fantasmas, Pie Grande, hombres lobo e incluso un libro sobre la suciedad. Cuando no escribe o lee, investiga lo paranormal como parte de la Sociedad Paranormal de las Ciudades Gemelas. Vive en Woodbury, Minnesota con sus dos hijos.

CRABTREE
Publishing Company

Produced by: Blue Door Education for Crabtree Publishing

Written by: Thomas Kingsley Troupe

Designed by: Jennifer Dydyk

Edited by: Kelli Hicks

Proofreader: Crystal Sikkens

Translation to Spanish:

Santiago Ochoa

Spanish-language layout and proofread: Base Tres

Print and production coordinator: Katherine Berti

Las imágenes y fotografías de «fantasmas» contenidas en este libro son interpretaciones de los artistas. La editorial no asegura que sean imágenes reales o fotografías de los fantasmas mencionados en este libro.

Photographs: Cover: Man and hotel © Ollyy, skull on cover and throughout book © Fer Gregory, pages 4-5 creepy picture borders here and throughout book © Dmitry Natashin, page 4 © feeling lucky, page 5 hotel © Gudmund, page 6 © Andrey Bayda, page 7 Marilyn © Editorial credit: Javi Az / Shutterstock.com, hotel interior © Editorial credit: littlenySTOCK / Shutterstock.com, pages 8-9 © Anneka, page 10 © feeling lucky, page 11 © Masarik, page 12 © Andriy Blokhin, page 13 ghost bride © Salome Hoogendijk, page 14-15 © Jojoo64, page 16 © jirakit suparatanameta, page 17 © itsmejust, page 20 © Paula Cobleigh, page 21 bell-hop © Pressmaster, handprint © Kirill Kurashov, page 23 © ADragan, pages 24-25 © MHalvorson, page 26 © Kaul Photo and Cinema, page 27 Stephen King © Editorial credit: Everett Collection / Shutterstock.com, Twins from movie The Shining © Hethers, page 28 © Cinemato, page 29 © feeling lucky. All images from Shutterstock.com except page 8 © Brian Robert Marshall / Ram Inn, Potters Pond, Wotton under Edge / CC BY-SA 2.0, page 13 John Potts Slough public domain image, Page 18 Red Lion Inn, Massachusetts © John Phelan https://creativecommons.org/licenses/by-sa/4.0/deed.en, page 19 © ysbrandcosijn/istockphoto.com, page 22 Nick Kenrick/Flickr https://creativecommons.org/licenses/by/2.0/

Library and Archives Canada Cataloguing in Publication

Available at the Library and Archives Canada

Library of Congress Cataloging-in-Publication Data

Available at the Library of Congress

Crabtree Publishing Company

www.crabtreebooks.com   1-800-387-7650

Copyright © 2022 **CRABTREE PUBLISHING COMPANY**

Published in the United States
Crabtree Publishing
347 Fifth Avenue
Suite 1402-145
New York, NY, 10016

Published in Canada
Crabtree Publishing
616 Welland Ave.
St. Catharines, Ontario
L2M 5V6

Printed in the U.S.A./092021/CG20210616